Pierre Desproges

LE DOUTE M'HABITE

Textes choisis et interprétés
par Christian Gonon,
sociétaire de la Comédie-Française

Éditions Points

THÉÂTRE DU
VIEUX-COLOMBIER

Administrateur général
MURIEL MAYETTE

La seule certitude que j'ai, c'est d'être dans le doute

textes de Pierre Desproges

mise en scène Alain Lenglet
et Marc Fayet

avec Christian GONON

musique
Jérôme DESTOURS
lumières
Éric DUMAS
assistante
à la mise en scène
Aude GOGNY-GOUBERT

DU 5 AU
19 MAI 2010

THÉÂTRE du
VIEUX-COLOMBIER
21, rue du Vieux-Colombier
Paris 6e

www.comedie-francaise.fr

Cet ouvrage est le texte d'un spectacle
programmé à la Comédie-Française-Théâtre du Vieux-Colombier,
sous le titre « La seule certitude que j'ai, c'est d'être dans le doute »,
du 5 au 19 mai 2010.

Les textes, choisis et interprétés par Christian Gonon, sont tirés de :

La Minute nécessaire de Monsieur Cyclopède
© Seuil, 1995

Chronique de la haine ordinaire
© Seuil, 1987 et 2004

Manuel de savoir-vivre à l'usage des rustres et des malpolis
© Seuil, 1981

Vivons heureux en attendant la mort
© Seuil, 1983

Textes de scène
© Seuil, 1988

La seule certitude que j'ai, c'est d'être dans le doute
© Seuil, 1998

ISBN 978-2-7578-1747-6

Avant-propos

Lettre ouverte à Monsieur Pierre Desproges, écriveur de textes, emporté à son insu par un crabe affamé qui lui broutait le poumon

Cher Pierre (vous permettez que je vous appelle Pierre),

Je ne vous oublierai jamais. Aussi longtemps que Dieu me prêtera vie (merci mon Dieu de me laisser le cancer en sourdine), je rêverai à la possibilité d'être de vos amis.

Le théâtre est fait d'enfance, d'imaginaire et d'amitié.

On dirait que nous nous serions rencontrés à l'école sur le banc de touche de ceux qui ne jouent pas au football.

On dirait que toi (tu permets que je te tutoie maintenant qu'on est amis) tu serais « prem » en français et moi « prem » en récitation.

Adolescents, on aurait eu tous les deux des boutons plein la figure et pour séduire les filles qui sortent toujours avec des « plus-grands-sans-boutons-qui-jouent-au-foot », on les aurait fait rigoler avec tes textes au verbe héroïque qui pourfendent les « plus-grands-sans-boutons-qui-jouent-au-foot ».

On dirait que nous aurions bu ensemble notre premier saint-émilion grand cru classé (même si moi j'ai un petit faible pour le saint-joseph que fait mon cousin en Ardèche à Mauves, c'est facile à trouver, il s'appelle Gonon comme moi).

Et pendant que j'apprendrais la vie et la mort en compagnie de Shakespeare, Molière et Tchekhov, tu taillerais en pièces les idées reçues, la bêtise, la lâcheté, avec une bassesse d'inspiration volant au-dessous de la ceinture du moindre nain, malgré quelques bouffées de tendresse pouvant se compter sur les doigts de la main du baron Empain.

Puis on dirait encore que quand je serais entré à la Comédie-Française, tu m'aurais écrit une lettre pour me dire que tu étais mon ami et que tu avais envie de le rester…

Enfin, un jour, nous nous serions baladés sans parler sur les sentiers de Picardie. Nous aurions sûrement croisé Mme Lemercier Yvette du Vésinet qui ne sort jamais sans son berger allemand.

Là, je t'aurais montré un assemblage de quelques textes que j'aurais réunis sous le titre d'une petite phrase que tu avais lancée dans un éclat de rire à Yves Riou et Philippe Pouchain à la fin d'un entretien : « La seule certitude que j'ai, c'est d'être dans le doute. »

Ces textes juxtaposés auraient signifié le partage d'un territoire commun à notre amitié.

Ce serait tout ce que je préfère de toi, que je n'aurai jamais le talent d'écrire, mais que je pourrais faire entendre sur une scène de théâtre.

Une alliance fraternelle.

Tu serais venu à la première et tu m'aurais dit avec ton sourire cyclopédien :

– Desproges à la Comédie-Française… étonnant, non ?

Et je t'aurais répondu :

– Non.

Et nous serions allés boire un verre de vin pour oublier les crabes et les vautours.

Christian Gonon, le 4 janvier 2010

Je vais mourir ces jours-ci. Il y a des signes qui ne trompent pas :

Sur le plan purement clinique le signe irréfutable de ma fin prochaine m'est apparu hier à table : je n'ai pas envie de mon verre de vin. Rien qu'à la vue de la liqueur rouge sombre aux reflets métalliques, mon cœur s'est soulevé. C'était pourtant un grand saint-émilion, un château-figeac 1971, c'est-à-dire l'une des plus importantes créations du génie humain depuis l'invention du cinéma par les frères Lumière en 1895. J'ai soulevé mon verre, j'ai pointé le nez dedans, et j'ai fait : « Beurk. » Pire, comme j'avais grand soif, je me suis servi un verre d'eau. Il s'agit de ce liquide transparent qui sort des robinets et dont on se sert pour se laver. Je n'en avais encore jamais vu dans un verre. On se demande ce qu'ils mettent dedans : ça sent l'oxygène et l'hydrogène. Mais enfin, bon, j'en ai bu. C'est donc la fin.

C'est horrible : partir comme ça sans avoir vécu la Troisième Guerre mondiale avec ma chère femme et mes chers enfants courant nus sous les bombes. Mourir sans savoir qui va gagner : Poulidor ou Hinault ? Saint-Etienne ou Sochaux ?

Mourir sans avoir jamais rien compris à la finalité de l'homme. Mourir avec au cœur l'immense question restée sans réponse : Si Dieu existe, pourquoi les deux tiers des enfants du monde sont-ils affamés ? Pourquoi la terre est-elle en permanence à feu et à sang ? Pourquoi vivons-nous avec au ventre la peur incessante de l'holocauste atomique suprême ? Pourquoi mon magnétoscope est-il en panne ?

Pourquoi, pourquoi, pourquoi ? Qui sommes-nous ? Où allons-nous ? D'où venons-nous ? Quand est-ce qu'on mange ? Seul Woody Allen, qui cache pudiquement sous des dehors comiques un réel tempérament de rigolo, a su répondre à ces angoissantes questions de la condition humaine ; et sa réponse est négative : « Non seulement Dieu n'existe pas, mais essayez de trouver un plombier pendant le week-end. »

J'en vois d'ici qui sourient. C'est qu'ils ne savent pas reconnaître l'authentique désespérance qui se cache sous les pirouettes verbales. Vous connaissez de vraies bonnes raisons de rire, vous ? Vous ne voyez donc pas ce qui se passe autour de vous ? Si encore la plus petite lueur d'espoir nous était offerte !

Avant de mourir, je voudrais remercier tout particulièrement la municipalité de Pantin, où je suis né, place Jean-Baptiste-Vaquette-de-Gribeauval. Et, comme je suis né gratuitement, je préviens aimablement les corbeaux noirs en casquette de chez Roblot et d'ailleurs que je tiens à mourir également sans verser un kopeck. Ecoutez-moi bien, vampires nécrophages de France : abattre des chênes pour en faire des boîtes, guillotiner les fleurs pour en faire des couronnes, faire semblant d'être triste avec des tronches de faux culs, bousculer le chagrin des autres en leur exhibant des catalogues cadavériques, gagner sa vie sur la mort de son prochain, c'est un des métiers les moins touchés par le chômage dans notre beau pays.

Mais moi, je vous préviens, croque-morts de France : mon cadavre sera piégé. Le premier qui me touche, je lui saute à la gueule.

Etonnant, non ?

Un critique de films, dont je tairai le nom afin qu'il n'émerge point du légitime anonymat où le maintient son indigence, écrivait dans un hebdomadaire dans lequel, de crainte qu'ils n'y pourrissent, je n'enfermerais pas mes harengs, un critique de films, disais-je donc avant de m'ensabler dans les méandres sournois de mes aigreurs égarées entre deux virgules si éloignées du début de ma phrase que voilà-t-il pas que je ne sais plus de quoi je cause, un critique de films écrivait récemment, à propos, je crois, d'un film de Claude Zidi, deux points ouvrez les guillemets avec des pincettes :

« C'est un film qui n'a pas d'autre ambition que celle de nous faire rire. »

Je dis merci.

Merci à toi, incontinent crétin justement ignoré, merci d'avoir fait sous toi, permettant ainsi à l'humble chroniqueur radiophonique quotidien de trouver matière (je pèse mes mots) à entretenir sa verve misanthropique que les yeux tendres des enfants et la douceur de vivre en ce pays sans barreaux aux fenêtres des dictateurs en fuite font encore trop souvent chanceler. (C'est la verve qui chancelle.)

Merci, sinistrissime ruminant, pour l'irréelle perfection de ta bouse, étalée comme un engrais prometteur sur le pré clairsemé de mon inspiration vacillante où je cherchais en vain ce soir les trèfles à quatre griffes de ma haine ordinaire qui s'épanouit jour après jour au vent mauvais.

Relisons ensemble cette sentence digne de figurer au fronton du mausolée à la gloire du connard inconnu mort pour la transe :

« C'est un film qui n'a pas d'autre ambition que celle de nous faire rire. »

Ce qui (sans génie, je vous l'accorde) me fait bouillir, c'est qu'un cuistre ose rabaisser l'art, que dis-je, l'artisanat du rire au rang d'une pâlotte besognette pour façonneur léthargique de cocottes en papier.

Qu'on me comprenne. Je ne plaide pas pour ma chapelle. D'ailleurs, je ne cherche pas à vous faire rire, mais seulement à nourrir ma famille en ébauchant ici, chaque jour, un grand problème d'actualité : ceci est une chronique qui n'a pas d'autre prétention que celle de me faire manger.

Mais qui es-tu, zéro flapi, pour te permettre de penser que le labeur du clown se fait sans la sueur de l'homme ? Qui t'autorise à croire que l'humoriste est sans orgueil ? Mais elle est immense, mon cher, la prétention de faire rire. Un film, un livre, une pièce, un dessin qui cherchent à donner de la joie (à vendre de la joie, faut pas déconner), ça se prépare, ça se découpe, ça se polit. Une œuvre pour de rire, ça se tourne, comme un fauteuil d'ébéniste, ou comme un compliment, je ne sais pas si tu vois ce que je veux dire avec ce trou béant dans ta boîte crânienne... Molière, qui fait toujours rire le troisième âge, a transpiré à en mourir. Chaplin a sué.

Guitry s'est défoncé. Woody Allen et Mel Brooks sont fatigués, souvent, pour avoir eu, vingt heures par jour, la prétention de nous faire rire. Claude Zidi s'emmerde et parfois se décourage et s'épuise et continue, et c'est souvent terrible, car il arrive que ses films ne fassent rire que lui et deux charlots sur trois.

Mais il faut plus d'ambition, d'idées et de travail pour accoucher des *Ripoux* que pour avorter de films fœtus à la Duras et autres déliquescences placentaires où le cinéphile lacanien rejoint le handicapé mental dans un même élan d'idolâtrie pour tout ce qui ressemble de près ou de loin à de la merde.

Pauvre petit censeur de joie, tu sais ce qu'il te dit monsieur Hulot ?

Quant au mois de mars, je le dis sans aucune arrière-pensée politique, ça m'étonnerait qu'il passe l'hiver.

J'aime beaucoup l'humanité.

Je ne parle pas du bulletin de l'Amicale de la lutte finale et des casquettes Ricard réunies.

Je veux dire le genre humain.

Avec ses faiblesses, sa force, son inépuisable volonté de dépasser les dieux, ses craintes obscures des Ténèbres, sa peur païenne de la mort, sa tranquille résignation devant le péage de l'autoroute A6 dimanche dernier à 18 heures.

Il y a en chaque homme une trouble désespérance à l'idée que la brièveté de son propre passage sur terre ne lui permettra pas d'embrasser tous ses semblables et particulièrement Mme Lemercier Yvette, du Vésinet, qui ne sort jamais sans son berger allemand, cette conne.

C'est un crève-cœur que de ne pouvoir aimer tous les hommes.

A y bien réfléchir, on peut diviser l'humanité en quatre grandes catégories qu'on a plus ou moins le temps d'aimer.

Les amis. Les copains. Les relations. Les gens qu'on connaît pas.

Les amis se comptent sur les doigts de la main du baron Empain, voire de Django Reinhardt, pour les plus misanthropes. Ils sont extrêmement rares et précieux. On peut faire du vélo avec eux sans parler pendant que le soir tombe négligemment sur les champs de blé, et on n'a même pas mal dans les jambes dans les côtes.

La caractéristique principale d'un ami est sa capacité à vous décevoir. Certes, on peut être légèrement déçu par la gauche ou par les performances de l'AS Saint-Etienne, mais la déception profonde, la vraie, celle qui peut vous faire oublier le goût des grands saint-émilion, ne peut venir que d'un véritable ami. Par exemple, j'ai été déçu hier par mon ami Jean-Louis, qui est pourtant vraiment mon ami, puisque parfois nous ne parlons même pas, même à pied, dans les sentiers de Picardie.

Je venais de lui apprendre que j'avais acquis une petite chienne. Une bergère. Allemande, certes, mais une bergère.

Sans prendre le temps de réfléchir pour ne pas me faire de la peine, il m'a dit en ricanant : « Ah bon ? Un chien nazi ? Tu lui as mis un brassard SS ? J'espère qu'elle n'est pas armée, ta carne ? »

Méchanceté gratuite. Envie gratuite de blesser. Tu sais très bien que tu ne risques rien de cette petite boule de poils. Tu n'es même pas juif. Tu sais très bien que le seul déprédateur, le seul tueur pour le plaisir, la seule nuisance à pattes, se tient sur celles de derrière, afin d'avoir les mains libres pour y serrer son fouet à transformer les chiots en miliciens bavant.

Me faire ça à moi, Jean-Louis, à moi qui suis ton ami. Et qui te l'ai prouvé, puisque, une fois, au moins, je t'ai déçu moi-même.

Les copains se comptent sur les doigts de la déesse Vishnou qui pouvait faire la vaisselle en applaudissant le crépuscule. Ils déçoivent peu car on en attend moins, mais c'est quand même important qu'ils pensent au saucisson quand le temps se remet aux déjeuners sur l'herbe et qu'ils viennent se serrer un peu pour faire chaud quand le petit chat est mort, ou pour faire des révérences à l'enfant nouveau. Les bons copains se comprennent à demi-mot. Il règne entre eux une complicité de tireurs de sonnettes qu'entretient parfois l'expérience du frisson.

Les relations se comptent sur les doigts des chœurs de l'Armée rouge. Mais on sera bien venu de n'entretenir que les bonnes, celles sur lesquelles on peut s'appuyer sans risquer de tomber par terre.

Quand on n'a pas de glaïeuls, certaines relations peuvent faire très joli dans les soirées mondaines, à condition qu'elles soient célèbres ou stigmatisées de la Légion d'honneur. Il suffit alors de les appeler « coco » et de les embrasser gaiement, comme si on les aimait, et comme cela se fait dans mon milieu. Le commun ne manquera pas de s'esbaudir.

Il arrive que certaines relations soient susceptibles de se muer en amitiés, mais le temps n'a pas tout le temps le temps de prendre à temps le temps de nous laisser le temps de passer le temps.

Les gens qu'on connaît pas, les doigts nous manquent pour les compter. D'ailleurs, ils ne comptent pas. Il peut bien s'en massacrer, s'en engloutir, s'en génocider des mille et des cents chaque jour que Dieu fait (avec la rigueur et la grande bonté qui l'ont rendu célèbre jusqu'à Lambaréné), il peut bien s'en tronçonner des wagons entiers, les gens qu'on connaît pas, on s'en fout.

Le jour du récent tremblement de terre de Mexico, le gamin de mon charcutier s'est coupé un auriculaire en jouant avec la machine à jambon. Quand cet estimable commerçant évoque aujourd'hui cette date, que croyez-vous qu'il lui en reste ? Etait-ce le jour de la mort de milliers de gens inconnus ? Ou bien était-ce le jour du petit doigt ?

Je verrais bien une cinquième catégorie où s'inscrirait, unique, la femme qu'on aime sur le bout des doigts. Parce qu'on la connaît par cœur.

J'étais littéralement fou de cette femme. Pour elle, pour l'étincelance amusée de ses yeux mouillés d'intelligence aiguë, pour sa voix cassée lourde et basse et de luxure assouvie, pour son cul furibond, pour sa culture, pour sa tendresse et pour ses mains, je me sentais jouvenceau fulgurant, prêt à soulever d'impossibles rochers pour y tailler des cathédrales où j'entrerais botté sur un irrésistible alezan fou, lui aussi.

Pour elle, aux soirs d'usure casanière où la routine alourdit les élans familiers en érodant à cœur les envies conjugales, je me voyais avec effroi quittant la mère de mes enfants, mes enfants eux-mêmes, mon chat primordial, et même la cave voûtée humide et pâle qui sent le vieux bois, le liège et le sarment brisé, ma cave indispensable et secrète où je parle à mon vin quand ma tête est malade, et qu'on n'éclaire qu'à la bougie, pour le respect frileux des traditions perdues et de la vie qui court dans les mille flacons aux noms magiques de châteaux occitans et de maisons burgondes.

Pour cette femme à la quarantaine émouvante que trois ridules égratignent à peine, trois paillettes autour de ses rires de petite fille encore, pour ce fruit mûr à cœur et pas encore tombé, pour son nid victorien et le canapé noir où nous comprenions Dieu en écoutant Mozart, pour le Guerlain velours aux abords de sa peau, pour la fermeté lisse de sa démarche Dior et de soie noire aussi, pour sa virilité dans le maintien de la Gauloise et pour ses seins arrogants toujours debout, même au plus périlleux des moins avouables révérences, pour cette femme infiniment inhabituelle, je me sentais au bord de renier mes pantoufles. Je dis qu'elle était infiniment inhabituelle. Par exemple, elle me parlait souvent en latin par réaction farouche contre le laisser-aller du langage de chez nous que l'anglomanie écorche à mort. Nos dialogues étaient fous :

– Quo vadis domine ?

– Etoilla matelus ?

En sa présence, il n'était pas rare que je gaudriolasse ainsi sans finesse, dans l'espoir flou d'abriter sous mon nez rouge l'émoi profond d'être avec elle. Elle avait souvent la bonté d'en rire, exhibant soudain ses clinquantes canines dans un éclair blanc suraigu qui me mordait le cœur. J'en étais fou, vous dis-je.

Ce 16 octobre donc, je l'emmenai déjeuner dans l'antre bordelais d'un truculent saucier qui ne sert que six tables, au fond d'une impasse endormie du XVe où j'ai mes habitudes. Je nous revois, dégustant de moelleux bolets noirs en célébrant l'automne, romantiques et graves, d'une gravité d'amants crépusculaires. Elle me regardait, pâle et sereine comme cette enfant scandinave que j'avais entrevue penchée sur la tombe de Stravinski, par un matin froid de Venise.

J'étais au bord de dire des choses à l'eau de rose, quand le sommelier est arrivé. J'avais commandé un figeac 71, mon saint-émilion préféré. Introuvable. Sublime. Rouge et doré comme peu de couchers de soleil. Profond comme un *la* mineur de contrebasse. Éclatant en orgasme au soleil. Plus long en bouche qu'un final de Verdi. Un vin si grand que Dieu existe à sa seule vue.

Elle a mis de l'eau dedans. Je ne l'ai plus jamais aimée.

Lettre ouverte à monsieur le chauffeur du taxi immatriculé 790 BRR 75

Monsieur le chauffeur du taxi 790 BRR 75,

Je ne vous oublierai jamais. Aussi longtemps que Dieu me prêtera vie (merci mon Dieu de me laisser le cancer en sourdine), je reverrai avec une diabolique précision d'entomologiste la misérable configuration boursouflée de votre sale gueule de turfiste mou, la balourdise chafouine de votre regard borné, et la vulgarité indicible de vos traits grotesques, encadrés derrière votre pare-brise avec des grâces de tête de veau guettant la sauce ravigote à la vitrine du tripier bovin.

Homère ou Ray Charles, je ne sais plus quel aveugle de naissance, ose affirmer que l'habit ne fait pas le moine. Il y a pourtant des tronches qui sont des aveux, et la vôtre, monsieur le chauffeur du taxi 790 BRR 75, ne mérite pas le pardon.

C'était par un de ces matins d'avril parisien, tout frémissant de printemps sous les platanes vert tendre, où l'imbécile et le poète se prennent à trouver la vie belle.

Vous vous êtes rangé le long du trottoir à dix mètres devant moi. La porte arrière côté trottoir s'est entrouverte avec une lenteur infinie, sous la pression désordonnée d'une main fébrile que prolongeait un bras nu décharné.

C'était une main effroyablement tordue par les rhumatismes, désespérément crochue pour ne pas lâcher la vie, une main translucide parsemée de ces étranges taches brunes et lisses qui dessinent parfois d'improbables mouches sur la peau des vieillards finissants. Au prix d'un effort pictural surhumain de sa main jumelle, cette main pitoyable rutilait par cinq fois de l'éclat saugrenu d'un vernis cerise, dérisoire coquetterie de la très vieille dame, qui devait constituer à l'évidence la partie cachée de ce membre à peine supérieur.

Je ne le dis pas à votre intention, monsieur le chauffeur du taxi 790 BRR 75, car il me plaît de penser que la sérénité de votre abrutissement global ne vous autorise pas à hisser votre entendement au-dessus d'une rumination céphalogastrique de base, mais il me semble que nous ne devrions pas sourire de cette ultime tentative de plaire qui incite les vieillards au bord du grabat à continuer à se peindre. C'est peut-être une expression de l'instinct de conservation.

J'ai entendu un jour Mme Simone Veil faire observer que la plupart des rescapés des camps de la mort nazis avaient puisé la force morale et physique de survivre dans un souci quotidien de fragile dignité qui les poussait à continuer de se tailler la moustache ou de se tresser les nattes jusqu'au fond de leur enfer.

De la portière que la première main maintenait tant bien que mal entrouverte, la seconde a jailli, fébrilement cramponnée à une sobre canne blanche qui battait l'air en tous sens à la recherche aveugle d'un bout de trottoir ou de caniveau.

En même temps, la tête et la jambe gauche de votre cliente, monsieur le chauffeur, tentèrent une première sortie de l'habitacle enfumé de gauloises et tendu de skaï craquelé qui vous tient lieu de gagne-pain automobile.

C'était une jambe vieille de vieille, autant dire un tibia décharné, avec un gros genou ridicule en haut, et, à l'autre extrémité, un escarpin noir dont la boucle dorée tentait en vain d'apporter un éclair de gaieté pédonculaire à ce mollet posthume.

Incapable de s'extraire seule de votre taxi, cette si vieille dame lançait tant bien que mal, à petits coups comptés de sa nuque fripée, une tête ratatinée de tortue finissante dont les yeux usés appelaient à l'aide en vain, au-dessus d'un de ces sourires humbles des vieux dont Brel nous dit qu'ils s'excusent déjà de n'être pas plus loin.

Enfin elle apparut à la rue tout entière, en équilibre au bord de la banquette, hagarde, en détresse, les bras tendus vers rien, les jambes ballantes au-dessus du bitume, le corps brisé, péniblement fagoté dans un sombre froufrou passé, suranné, elle apparut, ridicule, enfin, comme la mouette emmazoutée qui ne sait plus descendre de son rocher.

Cette scène, d'une consternante banalité pour qui sait regarder la rue, ne dura pas plus d'un instant, et j'y mis fin moi-même en aidant la vieille dame à toucher le sol, mais cet instant me parut s'éterniser jusqu'à l'insoutenable à cause de vous, monsieur le chauffeur du taxi 790 BRR 75. Pendant tout le temps que cette dame semi-grabataire vécut en geignant son supplice ordinaire, vous ne bougeâtes pas d'une fesse votre gros cul content de crétin moyen populaire, et vos pattes velues d'haltérophile suffisant ne quittèrent pas une seconde le volant où vos doigts pianotaient d'impatience. Pas une fois votre tête épaisse de con jovial trentenaire ne quitta le rétroviseur où vos petits yeux durs de poulet d'élevage ne perdaient rien de ce qui se passait dans votre dos.

Dormez tranquille, monsieur le chauffeur du taxi 790 BRR 75. Il ne viendrait à personne l'idée de vous inculper, à partir de mon témoignage, de non-assistance à personne en danger. Vous n'avez strictement rien fait de mal ou d'illégal. Vous n'avez pas laissé un enfant se noyer. Vous n'avez pas regardé un piéton blessé se vider de son sang devant votre capot. Vous êtes irréprochable. L'infinie médiocrité de votre lâcheté, l'impalpable étroitesse de votre égoïsme sordide et l'inélégante mesquinerie de votre indifférence ne vous vaudront d'autre opprobre que celui du passant quelconque qui, dans l'espoir de vous voir un jour tomber de béquilles pour avoir l'honneur de vous ramasser par terre, vous prie d'agréer, monsieur le chauffeur du taxi 790 BRR 75, l'expression de ses sentiments distingués.

Voici bientôt quatre longues semaines que les gens normaux, j'entends les gens issus de la norme, avec deux bras et deux jambes pour signifier qu'ils existent, subissent à longueur d'antenne les dégradantes contorsions manchotes des hordes encaleçonnées sudoripares qui se disputent sur gazon l'honneur minuscule d'être champions de la balle au pied.

Voilà bien la différence entre le singe et le footballeur. Le premier a trop de mains ou pas assez de pieds pour s'abaisser à jouer au football.

Le football. Quel sport est plus laid, plus balourd et moins gracieux que le football ? Quelle harmonie, quelle élégance l'esthète de base pourrait-il bien découvrir dans les trottinements pataudes de vingt-deux handicapés velus qui poussent des balles comme on pousse un étron, en ahanant des râles vulgaires de bœufs éteints ?

Quel bâtard en rut de quel corniaud branlé oserait manifester publiquement sa libido en s'enlaçant frénétiquement comme ils le font par paquets de huit, à grands coups de pattes grasses et mouillées, en ululant des gutturalités simiesques à choquer un rocker d'usine ?

Quelle brute glacée, quel monstre décérébré de quel ordre noir oserait rire sur des cadavres comme nous le vîmes en vérité, certain soir du Heysel où vos idoles, calamiteux goalistes extatiques, ont exulté de joie folle au milieu de quarante morts piétinés, tout ça parce que la baballe était dans les bois ?

Je vous hais, footballeurs. Vous ne m'avez fait vibrer qu'une fois : le jour où j'ai appris que vous aviez attrapé la chiasse mexicaine en suçant des frites aztèques. J'eusse aimé que les amibes vous coupassent les pattes jusqu'à la fin du tournoi. Mais Dieu n'a pas voulu. Ça ne m'a pas surpris de sa part. Il est des vôtres. Il est comme vous. Il est partout, tout le temps, quoi qu'on fasse et où qu'on se planque, on ne peut y échapper.

Quand j'étais petit garçon, je me suis cru longtemps anormal parce que je vous repoussais déjà. Je refusais systématiquement de jouer au foot, à l'école ou dans la rue. On me disait : « Ah, la fille ! » ou bien : « Tiens, il est malade », tellement l'idée d'anormalité est solidement solidaire de la non-footballité.

Je vous emmerde. Je n'ai jamais été malade. Quant à la féminité que vous subodoriez, elle est toujours en moi. Et me pousse aux temps chauds à rechercher la compagnie des femmes. Y compris celle des vôtres que je ne rechigne pas à culbuter quand vous vibrez aux stades.

Pouf, pouf…

Mercredi. Rude journée. Pas d'école. Les minuscules sont lâchés.

Ils font rien qu'à embêter les parents qui essaient de faire des chroniques dans le poste. Ils font rien qu'à leur poser des questions idiotes. Tout à l'heure, il y en a une avec du chocolat poisseux plein la figure qui est venue le partager avec mes cheveux sous prétexte de câlin... On ne devrait pas procréer ainsi à l'aveuglette. On devrait élever des poissons rouges.

En plus d'engluer, ça pose des questions idiotes :

– Papa, où c'est, le règne animal ?

Le père est à son ouvrage. Il entend d'une oreille incertaine.

– On ne dit pas « le règne à Nimal ». On dit « le règne de Nimal ».

– La maîtresse, elle a dit « animal ».

Je n'aime pas être contredit par des êtres inférieurs. Surtout quand j'ai tort. Mais puisque nous sommes mercredi et que vous êtes des milliers, chers adorables minus, à traîner à portée des transistors au lieu de vous rendre utiles en défenestrant le chat pour voir si ça rebondit, voici mon cours du soir sur le règne animal.

On prend son cahier. On prend son crayon noir. Je ne veux pas de feutre, ça tache le chocolat. En titre : « Le règne animal ». Animal en un seul mot. Imbéciles.

Le règne animal se divise en trois parties :

1) Les animaux.
2) L'homme.
3) Les enfants.

Les animaux sont comme des bêtes. D'où leur nom. Ne possédant pas d'intelligence supérieure, ils passent leur temps à faire des bulles ou à jouer dans l'herbe au lieu d'aller au bureau. Ils mangent n'importe quoi, très souvent par terre. Ils se reproduisent dans les clairières, parfois même place de l'Eglise, avec des zézettes et des foufounettes.

Les animaux ne savent pas qu'ils vont mourir.

L'homme. Remarquons au passage que si l'on dit « les animaux » au pluriel, on dit « l'homme » au singulier. Parce que l'homme est unique. De même, nous dirons que les animaux font des crottes, alors que l'homme sème la merde. L'homme est un être doué d'intelligence. Sans son intelligence, il jouerait dans l'herbe ou ferait des bulles au lieu de penser au printemps dans les embouteillages.

Grâce à son intelligence, l'homme peut visser des boulons chez Renault jusqu'à soixante ans sans tirer sur sa laisse. Il arrive aussi, mais moins souvent, que l'homme utilise son intelligence pour donner à l'humanité la possibilité de se détruire en une seconde. On dit alors qu'il est supérieurement intelligent. C'est le cas de M. Einstein, qui est malheureusement mort trop tard, ou de M. Sakharov, qui s'est converti dans l'humanisme enfermé, trop tard également.

Les hommes ne mangent pas de la même façon selon qu'ils vivent dans le Nord ou dans le Sud du monde.

Dans le Nord du monde, ils se groupent autour d'une table. Ils mangent des sucres lourds et des animaux gras en s'appelant « cher ami », puis succombent étouffés dans leur graisse en disant « docteur, docteur ».

Dans le Sud du monde, ils sucent des cailloux ou des pattes de vautours morts et meurent aussi, tout secs et désolés, et penchés comme les roses qu'on oublie d'arroser.

Pour se reproduire, les hommes se mettent des petites graines dans le derrière en disant : « Ah oui, Germaine. »

Les enfants, contrairement à l'homme ou aux animaux, ne se reproduisent pas. Pour avoir un bébé, il est nécessaire de croire à cette histoire de petite graine. Malheureusement, les enfants n'y croient pas tellement.

A force de voir jouer les animaux dans l'herbe aux heures de bureau, ils s'imaginent, dans leur petite tête pas encore éveillée à l'intelligence, qu'il faut des zézettes et des foufounettes pour faire des bébés.

En réalité, les enfants ne sont ni des hommes ni des animaux. On peut dire qu'ils se situent entre les hommes et les animaux. Observons un homme occupé à donner des coups de ceinture à une petite chienne cocker marrante comme une boule de duvet avec des yeux très émouvants. Si un enfant vient à passer, il se met aussitôt entre l'homme et l'animal. C'est bien ce que je disais.

Ce n'est pas une raison pour nous coller du chocolat sur la figure quand nous écrivons des choses légères pour oublier les vautours.

Quant au mois de mars, je le dis sans aucune arrière-pensée politique, ça m'étonnerait qu'il passe l'hiver.

Remettons le Petit Prince à sa place.

CYCLOPÈDE
De nombreux sous-doués boursouflés d'inculture me demandent pourquoi la Vénus (de Milo) et le Petit Prince (de Saint-Exupéry) étaient fâchés à mort. C'est simple. Revoyons les faits. La Vénus de Milo avait mauvais caractère.

VÉNUS
J'ai pas de bras, c'est pas le pied.

CYCLOPÈDE
Le Petit Prince, lui, était un fort bel enfant aux grands yeux émerveillés par la beauté des choses.

PETIT PRINCE
Je suis un fort bel enfant aux grands yeux émerveillés par la beauté des trucs.

CYCLOPÈDE
Des choses ! La rencontre du Petit Prince et de la Vénus de Milo dégénéra très vite en drame. Regardez.

Petit Prince
Bonjour, Vénus de Milo.

Vénus
Bonjour, Petit Prince.

Petit Prince
S'il te plaît, dessine-moi un mouton.

Vénus
C'est malin ! Petit con.

Cyclopède
Etonning, not ?

« Il faut retarder l'heure matinale de se revoir au miroir, aujourd'hui un peu plus mort qu'hier et bien moins que demain… »

C'est beau ce que je dis là.

On dirait du Giraudoux…

Quel con ce Giraudoux.

Pourtant il était limousin.

Mais quel con.

Encore un qui buvait de l'eau.

On n'écrit pas *Ondine* impunément.

J'exagère. *Ondine*, c'est pas que de la flotte.

Il y a à boire et à manger. Rappelez-vous la scène du dîner de l'acte II.

Si, rappelez-vous :

La scène représente la scène.

Côté cour, un jardin.

Côté jardin, la mer.

Au centre, l'humble masure d'Ondine, au dos des dunes, où la mère d'Ondine dresse la table.

Par la fenêtre, Ondine regarde la mer.

Pas la mère, la mer.

Elle est amère. Pas la mer. Ondine.

Son œil scrute l'océan où ça merdoie. (Pardon.) Où son père doit pêcher le congre ou le bar.

Le congre que le bar abhorre, ou le bar que le congre hait.

Car Ondine a la dalle et la mère a les crocs.

Selon qu'il aura pris la barque à bars ou la barque à congres, le père devra remplir la barque à bars à ras bord de bars, ou la barque à congres à ras bord de congres.

Or, il n'a pas pris la barque à congres.

Il a pris la barque à bars.

A l'arrière-plan, le spectateur voit, au flanc de la montagne rouge feu, moutonner un maquis vert.

Il y serpente des chemins rares qui débouchent soudain sur des criques sauvages où nul imbécile cintré dans sa bouée Snoopy ne vient jamais ternir, de son ombre grasse et populacière, l'irréelle clarté des fonds marins mordorés où s'insinue le congre que, donc, le bar abhorre.

Le congre est barivore. Et donc le bar l'abhorre.

Le bar est fermé aux congres du fait même que le palais des congres est ouvert au bar.

Le court extrait d'*Ondine* que je vais avoir l'honneur de vous interpréter se situe au moment précis où Ondon, le frère d'Ondine, part pour la Crète.

La nuit tombe. La mère d'Ondine et d'Ondon appelle sa fille.

LA MÈRE : Ondine !

ONDINE : Oui, la mère ?

LA MÈRE : T'as vu l'heure ?

ONDINE : Et alors, la mère ?

LA MÈRE : Et alors on dîne.

Etonicht, nein ?

Il faut rire de tout. C'est extrêmement important. C'est la seule humaine façon de friser la lucidité sans tomber dedans.

Les questions qui me hantent sont celles-ci :

Peut-on rire de tout ?

Peut-on rire avec tout le monde ?

A la première question, je répondrai oui sans hésiter. S'il est vrai que l'humour est la politesse du désespoir, s'il est vrai que le rire sacrilège blasphématoire que les bigots de toutes les chapelles taxent de vulgarité et de mauvais goût, s'il est vrai que ce rire-là peut parfois désacraliser la bêtise, exorciser les chagrins véritables et fustiger les angoisses mortelles, alors oui, on peut rire de tout, on doit rire de tout. De la guerre, de la misère et de la mort. Au reste, est-ce qu'elle se gêne, elle, la mort, pour se rire de nous ? Est-ce qu'elle ne pratique pas l'humour noir, elle, la mort ? Regardons s'agiter ces malheureux dans les usines, regardons gigoter ces hommes puissants, boursouflés de leur importance, qui vivent à cent à l'heure. Ils se battent, ils courent, ils caracolent derrière leur vie, et tout à coup ça s'arrête, sans plus de raison que ça n'avait commencé, et le militant de base, le pompeux PDG, la princesse d'opérette, l'enfant qui jouait à la marelle dans les caniveaux de Beyrouth, toi aussi à qui je pense et qui as cru en Dieu jusqu'au bout de ton cancer, tous, tous nous sommes fauchés un jour par le croche-pied rigolard de la mort imbécile, tandis que les droits de l'homme s'effacent devant les droits de l'asticot.

Alors : quelle autre échappatoire que le rire, sinon le suicide, poil aux rides ?

A la deuxième question, peut-on rire avec tout le monde ?, je répondrai : c'est dur.

Personnellement, il m'arrive de renâcler à l'idée d'inciter mes zygomatiques à la tétanisation crispée. C'est quelquefois au-dessus de mes forces, dans certains environnements humains : la compagnie d'un stalinien pratiquant me met rarement en joie. Près d'un terroriste hystérique, je pouffe à peine, et la présence à mes côtés d'un militant d'extrême droite assombrit couramment ma jovialité monacale.

Il y a plus d'humanité dans l'œil d'un chien quand il remue la queue que dans la queue de Le Pen quand il remue son œil…

Attention, ne vous méprenez pas sur mes propos, je n'ai rien contre les racistes, c'est plutôt le contraire.

Les racistes sont des gens qui se trompent de colère, dit avec mansuétude le président Senghor.

Je sortais récemment d'un studio d'enregistrement, accompagné d'une pulpeuse comédienne avec qui j'aime bien travailler, non pas pour de basses raisons sexuelles, mais parce qu'elle a des nichons magnifiques.

Nous grimpons dans un taxi, sans bien nous soucier du chauffeur, un monotone quadragénaire de type romorantin couperosé de frais, en poursuivant une conversation du plus haut intérêt culturel, tandis que la voiture nous conduit vers le Châtelet. Mais, alors que rien ne le laissait prévoir, et sans que cela ait le moindre rapport avec nos propos, qu'il n'écoutait d'ailleurs pas, cet homme s'écrie soudain :

– Eh bien, moi, les Arabes, je peux pas les saquer.

Ignorant ce trait sans appel, ma camarade et moi continuons notre débat. Pas longtemps. Trente secondes plus tard, ça repart :

– Les Arabes, vous comprenez, c'est pas des gens comme nous. Moi qui vous parle, j'en ai eu comme voisins de palier pendant trois ans. Merci bien. Ah les vaches. Leur musique à la con, merde. Vous me croirez si vous voulez, c'est le père qui a dépucelé la fille aînée. Ça, c'est les Arabes.

Ce coup-ci, je craque un peu et dis :

– Monsieur, je vous en prie. Mon père est arabe.

– Ah bon ? Remarquez, votre père, je ne dis pas. Y en a des instruits.

On voit bien que vous êtes propre et tout. D'ailleurs, je vous ai vu à Bellemare.

A l'arrière, bringuebalés entre l'ire et la joie, nous voulons encore ignorer.

Las ! la pause est courte :

– Oui, votre père, je ne dis pas. Mais les miens, d'Arabes, pardon ! ils avaient des poulets vivants dans l'appartement et ils leur arrachaient les plumes rien que pour rigoler. Et la cadette, je suis sûr que c'est lui aussi qui l'a dépucelée. Ça s'entendait. Mais votre père, je ne dis pas. De toute façon, les Arabes, c'est comme les Juifs. Ça s'attrape par la mère.

Cette fois, je craque vraiment.

– Ma mère est arabe.

– Ah oui ? Ah la la, la Concorde, à cette heure-là, il n'y a pas moyen. Avance, toi, hé, connard ! Mais c'est vert, merde. Ah ! t'es bien un 77 !

Voyez-vous, monsieur, voulez-vous que je vous dise ? Il n'y a pas que la race. Il y a l'éducation. C'est pour ça que votre père et votre mère, je dis pas. D'ailleurs je le dis parce que je le pense, vous n'avez pas une tête d'Arabe. C'est l'éducation.

Remarquez, vous mettez un Arabe à l'école, hop, il joue du couteau. Et il empêche les Français de travailler. Voilà, 67, rue de la Verrerie, nous y sommes. Ça fait 32 francs.

Je lui donne 32 francs.

– Eh, eh, vous n'êtes pas généreux, vous alors !

– C'est comme ça, me vengé-je enfin. Je ne donne pas de pourboire aux Blancs !

Alors cet homme, tandis que nous nous éloignons vers notre sympathique destin, baisse sa vitre et me lance :

– Crève donc, eh, sale bicot.

A moi, qui ai fait ma communion à la Madeleine !

« Ce qu'il nous faudrait, c'est une bonne guerre ! »

Nombreux sont autour de nous les gens qui lâchent cette petite phrase en soupirant.

Mais l'instant d'après, ils retournent vaquer à leur petite vie mesquine et n'y pensent plus. Or, si nous voulons vraiment la guerre, il ne suffit pas de l'appeler de nos vœux en levant les yeux au ciel d'un air impuissant.

Pour qu'un sang impur abreuve de nouveau nos sillons, il nous faut semer véhémentement l'idée de la guerre.

Pourquoi n'organiserions-nous pas une guerre française, dans laquelle les forces en présence seraient toutes françaises ?

Réfléchissons un instant.

Prends ta tête à deux mains mon cousin.

Pour que l'idée de guerre germe dans le cœur de l'homme, il suffit que l'homme entretienne en lui la haine de l'autre.

En 1914 (tiens, 14-18 : ça, c'est de la guerre), les jeunes soldats français croyaient dur comme fer que les Allemands avaient les pieds crochus, sentaient le purin, et qu'ils n'arrêtaient de boire de la bière que pour venir jusque dans nos bras égorger nos filles et nos compagnes. Grâce à quoi, à cette époque, les jeunes Français avaient les cheveux courts et ne fumaient pas des saloperies que la morale réprouve.

D'accord, ils sont morts, mais les cheveux courts !

Puisque la haine est le moteur de la guerre, apprenons à nous haïr entre nous.

Ah ! certes, il est plus facile de haïr les Arabes ou les Anglais dont les mœurs incroyablement primitives ont de quoi nous révulser.

Est-ce que je mange du gigot à la menthe en me tournant vers La Mecque, moi ? Non ! Je suis normal : je mange des cuisses de grenouille en me tournant vers Guy Darbois.

Ainsi, pour bien nous haïr entre Français, nous devons tenter d'oublier ce qui nous unit, et mettre l'accent sur ce qui nous sépare.

Chaque région de ce pays a ses rites et coutumes qui ne sont pas les mêmes que ceux de la région d'à côté. Apprenons à les connaître, apprenons à les détester. C'est à ce prix que nous aurons la guerre civile franco-française, ultime recours pour nous sortir de la crise.

Les Béarnais sont-ils des gens comme nous ? Je dis non.

J'ai sous les yeux un pot de sauce béarnaise. Vous voulez savoir ce qu'ils mettent dans la sauce béarnaise, les Béarnais ? C'est une honte :

Huile de soja 63 %… Huile de soja 63 % ! D'où vient tout ce soja ? Mais de Chine, bien sûr.

De là à prétendre que les Béarnais ont signé un pacte secret avec la Chine rouge il n'y a qu'un pas.

Allons-nous hésiter à le franchir allégrement ? Non !

D'autre part, de Pau à Foix et de Foix à Pau, on ne rencontre que des dégénérés alcooliques détruits jusqu'à l'os par les abus de jambon de Bayonne que ces gens-là trempent en tranches épaisses dans leurs grands bols pleins d'alcool de pruneaux, à jeun bien sûr.

Ainsi ceux de Pau ont des maladies de foie, ceux de Foix ont des maladies de peau, c'est dégueulasse.

Sus mes preux ! Mort aux Béarnais !

Les Bourguignons sont-ils des gens comme nous ? Je dis non.

D'abord, dans la fondue bourguignonne, ils mettent de la sauce béarnaise ! Ce sont donc des collabos, n'ayons pas peur des mots.

D'autre part, les Bourguignons ont-ils jamais été capables de produire quoi que ce soit de bon à partir du sol de la Bourgogne ?

« Certes, non ! » me disait justement l'autre jour un ami, vigneron près de Bordeaux.

Certes, quelques régions de Bourgogne donnent une humble piquette que les uns boivent à Dijon et que les aut' pissent de Beaune. Mais peut-on appeler ça du vin ?

Sus mes preux ! Mort aux Burgondes !

Les Bordelais sont-ils des gens comme nous ? Je dis non.

Certains habitants du Bordelais boivent du vin de Bourgogne. Ce sont des collabos, n'ayons toujours pas peur des mots.

Les Bordelais sont très laids.

Au reste dans « Bordelais » il y a « laid », de même que dans « Pinochet » il y a « hochet ».

Comment se fait-il que les Bordelais soient si laids alors que leurs femmes sont girondes ?

C'est une raison de plus pour déclarer la guerre à ces gens : « Trucidus et Fornicae mamellae guerrae sunt » – Tuer et violer sont les deux mamelles de la guerre.

Mais, Seigneur, que les Bordelais sont laids ! Avez-vous vu à quoi ressemble le duc de Bordeaux ?

Sus mes preux ! Mort aux Bordelais !

Les Normands sont-ils des gens comme nous ? Je dis non.

Les Normands sont fourbes aux yeux bleus. Ils doivent cette particularité psycho-anatomique aux retombées de la guerre de Cent Ans qui fit rage en France pendant de longues semaines, et qui mit face à face les Anglais, venus d'Angleterre, et les Français, venus du bistrot.

Or nous le savons, et pas seulement de Marseille, tous les Anglais sont fourbes aux yeux bleus. Et tous les bâtards de ces fornications guerrières, dont les descendants peuplent aujourd'hui la Normandie, héritèrent de ce double caractère grâce auquel on peut sans peine reconnaître un Normand d'un communiste, car le communiste est fourbe, certes, mais avec les yeux rouges.

Donc les Normands sont anglais.

Autre preuve que les Normands sont anglais : ils mangent du gigot à la menthe. Sans menthe, direz-vous ? D'accord. Et alors ? Quand le duc d'Edimbourg mange des patates à la braise, il ne mange pas la braise, que je sache. Est-ce que ça prouve qu'il n'est pas anglais ?

Sus mes preux ! Mort aux Normands !

Les Bretons sont-ils des gens comme nous ? Je dis non.

Le Breton est têtu. Sinon pourquoi dirions-nous d'un Breton : « Il est têtu comme un Breton » ?

Le Breton est appelé ainsi parce qu'il est têtu.

Je n'en démordrai pas.

Sus mes preux ! Mort aux Bretons !

Mesdames, messieurs, le temps qui m'est imparti touche à sa femme, mais dans un prochain chapitre nous chercherons les bonnes raisons d'attaquer la Seine-et-Marne.

Il y a les inventeurs lumineux dont la gloire fracassante résonne longtemps après eux dans les plaines de la connaissance humaine, et puis il y a les inventeurs obscurs, les génies de l'ombre, qui traversent la vie sans bruit et s'effacent à jamais sans que la moindre reconnaissance posthume vienne apaiser les tourments éternels de leur âme errante qui gémit aux vents mauvais de l'infernal séjour, sa désespérance écorchée aux griffes glacées d'ingratitude d'un monde au ventre mou sans chaleur ni tendresse.

Parmi ces besogneux du progrès, ces gagne-petit de la connaissance qui ont contribué sans bruit à faire progresser l'humanité de l'âge des cavernes obscurantiste à l'ère lumineuse de la bombe à neutrons, comment ne pas prendre le temps d'une pensée émue pour nous souvenir de Jonathan Sifflé-Ceutrin, l'humble et génial inventeur du pain pour saucer ?

Jonathan Sifflé-Ceutrin, dont le bicentenaire des 200 ans remonte à deux siècles, est né le 4 décembre 1782 à Saçufy-les-Gonesses, au cœur de la Bourgogne gastronomique, dans une famille de sauciers éminents. Son père était gribichier-mayonniste du Roi, et sa mère, Catherine de Médussel, n'était autre que la propre fille du Comte Innu de Touiller-Connard, qui fit sensation, le soir du réveillon 1779 à la Cour de Versailles en servant la laitue avec une nouvelle vinaigrette tellement savoureuse que Marie-Antoinette le fit mander le lendemain à Trianon pour connaître son secret :

– C'est tout simple, Majesté. Pour changer, j'ai remplacé le chocolat en poudre par du poivre.

– Voilà qui est bien, Comte Innu de Touiller-Connard, continue je te dis, continue, oh oui c'est bon, oh là là. Oh oui.

Bien entendu, l'enfance du petit Jonathan Sifflé-Ceutrin baigna tout entière dans la sauce. Debout sur un tabouret, près des fourneaux de fonte où ronflait un feu d'enfer, il ne se lassait jamais de regarder son père barattant les jus délicieux à grands coups de cuillère en bois tandis que sa mère, penchée sur d'immenses poêlons de cuivre rouge, déglaçait à petites rasades de vieux cognac le sang bruni et les graisses rares des oies de Périgord dont les luxuriantes senteurs veloutées se mêlaient aux graciles effluves des herbes fines pour nous éblouir l'odorat jusqu'à la douleur exquise des faims dévorantes point encore assouvies.

Hélas, au moment du repas, la joie pré-stomacale de Jonathan se muait invariablement en détresse. Quand il avait fini d'avaler en ronronnant l'ultime parcelle de chair tendre que son couteau fébrile arrachait au cuissot du gibier, il restait là, médusé, pantelant de rage et boursouflé d'une intolérable frustration devant le spectacle insupportable de toute cette bonne sauce qui se figeait doucement dans son assiette à quelques pouces de ses papilles mouillées de désir et de sa luette offerte, frissonnante d'envie au creux de sa gorge moite dans l'attente infernale d'une bonne giclée du jus de la bête entre ses lèvres écartées.

En vérité je vous le dis, mes frères, il faut être végétarien ou socialiste pour ne pas comprendre l'intensité du martyr qu'enduraient quotidiennement les heureux gastronomes de ces temps obscurs. Soumis aux rigueurs d'un protocole draconien, qui sévissait jusqu'aux tréfonds des campagnes où le clergé avait réussi à l'imposer en arguant, comme toujours, la valeur rédemptrice de la souffrance, les malheureux dégustaient leurs plats de viande en sauce à l'aide de la seule fourchette et du seul couteau, après qu'un décret papal de 1614 eût frappé d'hérésie l'usage de la cuillère.

Pour bien imaginer la cruauté d'une telle frustration, essayez vous-mêmes, misérables profiteurs repus de la gastronomie laxiste de ce siècle décadent, essayez de saucer un jus de gigot avec un couteau ou à la pointe de la fourchette. C'est l'enfer ! C'est atroce !

C'est aussi définitivement intolérable qu'une nuit passée dans un poumon d'acier avec Carole Laure à poil couchée dessus.

Curieuse coïncidence, c'est le jour même de son anniversaire que Jonathan Sifflé-Ceutrin eut l'idée de sa vie, l'idée géniale qui allait transformer enfin le supplice tantalien du festin para-saucier en délices juteux inépuisables. C'était le 4 décembre 1802, ce siècle avait deux ans. Déjà Napoléon perçait sous Bonaparte et déjà Bonaparte perçait sous Joséphine. Jonathan déjeunait au Sanglier Chafouin, le restaurant en vogue du gratin consulaire en compagnie d'une jeune caméristе bonapartiste de gauche qu'il comptait culbuter au pousse-café.

Or, Jonathan Sifflé-Ceutrin finissait son sanglier melba grand veneur, quand le serveur, un ancien hippie de la campagne d'Égypte, gorgé d'herbes toxiques et de calva du Nil, laissa malencontreusement choir sa corbeille à pain sur la table où Jonathan commençait à baiser des yeux sa camarade pour oublier la sauce qui se figeait déjà et dans laquelle une énorme tranche de pain de campagne – flaf – vint s'enliser dans un grand floc floc grasseyant. « Mais… mais… bon sang, mais c'est bien sûr ! » s'écria le jeune homme. Et s'emparant d'une autre tranche moelleuse il la tendit à sa compagne, qui n'était autre que Marie Curry, créatrice de la sauce du même nom, et lui dit : « Marie, trempe ton pain, Marie, trempe ton pain dans la sauce ! » Ce qu'elle fit, bien sûr. Alors, miracle, le jus bien gras fut soudain aspiré par la mie que la jeune femme s'écrasa sur la gueule en happant comme une bête goulue et la bonne graisse vineuse à la crème beurrée à l'huile de saindoux margarinien saturée de vin chaud à l'alcool à brûler du Père Magloire lui envahit divinement l'estomac, son estomac dont le joyeux cancer naissant n'en demandait pas tant. Jonathan Sifflé-Ceutrin venait d'inventer le pain pour saucer.

Faut pas se laisser abattre. On n'est pas des bœufs.

Les bœufs se laissent abattre. Il suffit que l'abatteur dise au bœuf :

« Viens ici, mon Kiki » (pour peu qu'il s'agisse d'un bœuf qui s'appelle « mon Kiki »), et voici ce grand con de la boue qui s'avance, tranquille, à pas lourds chaloupés, clapotant du sabot sur le carreau lessivé, dans les flaques aseptiques du pimpant assommoir à bovins comestibles.

D'un geste de tueur américain, l'abatteur, à bout de bras, pointe un flingue, à coup sûr pneumatique, entre les deux grands beaux yeux tristes-mous qui font souvent au bœuf, avant même qu'on ne l'abatte, le regard abattu.

Ça fait tout juste « plop », et c'est parti, je veux dire : « mon Kiki » : c'est parti au paradis des bœufs qui se laissent abattre et puis s'en vont paître dans les verts pâturages. Jusqu'à l'éternité dont on nous dit pourtant que c'est dur, surtout vers la fin.

Personnellement, je ne broute pas de ce foin-là.

Je ne courbe pas l'échine aux abattoirs promis. Quelle que soit la tuile et quelle que soit l'ardoise, je dis merde à la brèche qui veut me fissurer.

Ainsi caracolais-je de radioscope ordinaire en médecin communal, par un matin d'automne époustouflant d'insignifiance où m'agaçait un point de côté. Pas plus angoissé que d'habitude, c'est-à-dire inextricablement noué de l'œsophage au côlon par la certitude de mon trépas prochain dans des souffrances torquémadesques, j'ennuyais mes docteurs au récit d'intérêt vicinal de mes chatouilles et de gratouilles à la Knock-moi-le-nœud.

Bitenberg et Schwartzenschtroumpf !

C'était pas un point de côté, c'était un cancer de biais.

Y avait à mon insu, sous-jacent à mon flanc, squattérisant mes bronches, comme un crabe affamé qui me broutait le poumon.

Le soir même, chez l'écailler du coin, j'ai bouffé un tourteau. Ça nous fait un partout.

Epilogue

Je préfère le mot « écriveur » parce que j'écris pour la scène, pour la radio, pour la télévision, pour mes enfants, pour mes amants, pour mes maîtresses, pour la littérature, si l'on peut appeler cela de la littérature. Tout ce que je fais passe par l'écriture. Écrivain, c'est à la fois trop restrictif et trop pompeux. Je suis quelqu'un du verbe. Je suis quelqu'un qui vit du verbe.

N comme nouvelles (avril 1987)
Propos recueillis par Jean-Louis Berger et Gilles Brochard

J'étais toujours « prem » en français… A sept ans, j'avais lu toute la comtesse de Ségur. Je n'ai jamais eu envie d'écrire, même maintenant d'ailleurs… J'ai eu envie de lire… J'aime bien le langage. J'aime bien le verbe. C'est un outil. Quand on sait un peu le manier, c'est un outil formidable.

Je n'ai jamais eu de plan de carrière, ni même d'ambition. Je n'ai aucune ambition.

Je suis trop conscient de la vanité de l'existence pour avoir un plan de carrière ou de l'ambition. Depuis que j'ai l'âge de penser… le vrai but de la naissance de l'homme, la seule raison d'être sur terre, c'est de mourir. Quand on est bien conscient de ça…

Le fait de trouver que la mort est injuste, c'est déjà une réflexion mystique. On aimerait bien qu'il y ait une solution. Quand on pense que Dieu est la solution, on doit sûrement mieux vivre cette certitude-là… Enfin, je ne sais pas…

Moi, je suis un athée mystique…

Extraits d'un entretien de Pierre Desproges avec Yves Riou et Philippe Pouchain en décembre 1986, in *La seule certitude que j'ai, c'est d'être dans le doute* (Seuil, 1998).

Petit lexique
à l'usage de ceux qui n'ont pas la culture des années quatre-vingt

par Marc Fayet, Alain Lenglet et Christian Gonon

POULIDOR RAYMOND. Poupou pour les blaireaux
Coureur cycliste célèbre pour n'avoir pas gagné grand-chose et surtout pas le Tour de France.

HINAULT BERNARD. Blaireau pour le Popu
Coureur cycliste célèbre pour avoir à peu près tout gagné et surtout le Tour de France.

AS SAINT-ETIENNE
Équipe de football reconnaissable à ses maillots verts, et qui grâce à un soutien populaire et national sans précédent a réussi à ne pas gagner la coupe d'Europe de 1976 face au Bayern de Munich.

SOCHAUX
De son vrai nom Football Club Sochaux-Montbéliard. Association de la maison Peugeot, les voitures, et Montbéliard, les saucisses.

Roblot
La première offre de service funéraire en France. Plus de 23 agences à Paris intra-muros. Inhumations, crémations et animations multiconfessionnelles en tous genres.

Claude Zidi
Réalisateur français, s'est imposé en se penchant sur l'univers militaire et ses préoccupations quotidiennes. *Les Bidasses en folie* et *Les bidasses s'en vont en guerre* restant deux témoins éloquents de la difficile condition des hommes portant des bérets trop serrés.

Génie
Marque de lessive à la main. Sa notoriété fut acquise grâce à son appellation première « génie sans bouillir », mais une variante plus séduisante vint la supplanter avec « génie sans frotter » en attendant le futur et prometteur « génie sans laver ».

Mel Brooks
Réalisateur américain irrévérencieux à qui l'on doit quelques chefs-d'œuvre de la rigolade comme *Les Producteurs*, *Frankenstein Junior* ou *La Folle Histoire du monde*.

Les Charlots
Petite équipe sympathique qui s'est toujours attachée à chanter les préoccupations du peuple. Ainsi nous retiendrons dans leur répertoire : *Paulette la reine des paupiettes*, *Merci Patron*. Ils furent en outre les porteurs de bérets dans les films de Claude Zidi.

Les Ripoux
Appellation désignant des policiers peu scrupuleux et refusant toute noblesse dans leur tâche. Claude Zidi les rendit populaires grâce aux trois opus qu'il leur consacra.

Monsieur Hulot
Personnage célèbre créé par Jacques Tati et qui symbolise l'élégance maladroite du vacancier solitaire. Son absence de vulgarité et sa poésie naturelle en font le symbole éternel de la bienveillance et de la politesse.

Baron Empain
Célèbre homme d'affaires et grand séducteur aux certitudes hautaines, victime d'un enlèvement retentissant : dans l'affaire, il a laissé un doigt ainsi que sa bonne humeur.

Django Reinhardt
Génial musicien qui, pour faire son malin, préférait se couper deux doigts pour montrer comme il était fort avec sa guitare.

Lemercier Yvette
Conne anonyme…

Chœurs de l'Armée rouge
Régiment spécial de l'ex-URSS capable de neutraliser l'adversaire en chantant à cent des airs à réveiller un moujik en coma éthylique. *Kalinka*, *Plaine ô ma plaine* et un petit *Avé Maria* constituent bien souvent leur programme de déstabilisation Est-Ouest.

Einstein
Albert de son prénom. Savant très connu pour tirer la langue quand on le prenait en photo.

Sakharov
Andreï. Physicien mosco-vite-et-bien, qui, à cause de ses tendances humanistes, a toujours bloqué sur le principe de la prolifération nucléaire.

Pierre Bellemare
Personnage incontournable de la télévision française, en charge de la création de programmes situés en dessous du degré zéro de l'inculture. On lui doit notamment le palpitant *Télé-achat*. Fort de son succès, il visita le même niveau en littérature grâce à ses *Histoires extraordinaires*.

Marie, trempe ton pain…
Cette chanson daterait de la conquête coloniale du Tonkin (région chinoise) dans les années 1880. Elle oppose, en fait, le luxe et le raffinement vestimentaire des aristocrates et bourgeois chinois aux coutumes, dites vulgaires, du peuple campagnard (tremper son pain dans sa soupe et dans son vin).

Château Figeac. Saint-Émilion
Premier grand cru classé. Propriété de la famille Manoncourt depuis 1892.
C'est avec raison que Pierre Desproges estimait au plus haut point le figeac 1971, louangé par les œnologues et critiques gastronomiques par lesquels ce figeac est placé tout au sommet des plus grands vins de Bordeaux. C'est aussi un des favoris de Thierry Manoncourt qui dirige le domaine en vieux sage. Nous ne saurions le remercier suffisamment de sa délicate attention à Pierre Desproges et à notre spectacle.

Sans ces personnes ce spectacle n'aurait pas eu lieu. Qu'elles en soient sincèrement remerciées :

Muriel Mayette, administrateur général de la Comédie-Française, et Hélène Desproges pour la confiance qu'elles ont bien voulu m'accorder,

Alain Lenglet, Marc Fayet et Aude Gogny-Goubert pour leur regard attentif et bienveillant,

Jérôme Destours pour sa musique,

Eric Dumas pour ses lumières.

Lemercier Yvette, du Vésinet, pour son amour des bêtes…

Christian Gonon sur la scène du Vieux-Colombier
(photo : Cosimo Mirco Magliocca)

RÉALISATION : PAO ÉDITIONS DU SEUIL
IMPRESSION : CPI BRODARD ET TAUPIN À LA FLÈCHE
DÉPÔT LÉGAL : MARS 2010. N° 102153 (56552)
IMPRIMÉ EN FRANCE